COQUILLAGES ET CRUSTACES

POISSONS COQUILLAGES ET CRUSTACES

Gründ

TABLE

Texte anglais de Clare Gordon-Smith
Adaptation française
de Christine Colinet

ISBN : 2-7000-6158-6

Dépôt légal : février 1988
Photocomposition : P.F.C., Dole
Imprimé par Mandarin Offset, Hong Kong.

INTRODUCTION

Étant donné l'importance actuelle des régimes sains, quoi de mieux qu'un ingrédient frais et naturel qui peut devenir un repas en quelques minutes et qui est également nutritif ? Le poisson est l'un des rares aliments qui correspondent exactement à cette définition.

Prenez un poisson maigre, lavez-le, posez dessus une noisette de beurre, passez-le sous le gril, et en quelques minutes, vous obtenez un repas sans préparation particulière. Le poisson peut être grillé, cuit à la vapeur, poché dans un court-bouillon, frit, cuit au four. Il peut aussi être accompagné d'une grande variété de sauces ou de beurres aux herbes.

Il y a une grande variété de poissons sur le marché ; profitez-en pour satisfaire vos besoins diététiques. Le poisson est une excellente source de protéines, de sels minéraux et de vitamines.

Grâce aux recettes variées de ce livre, vous pourrez régaler votre famille et vos amis.

NOTES

Toutes les cuillères sont rases.

Utilisez dans la mesure du possible des herbes fraîches. Si vous n'en avez pas, remplacez-les par un bouquet garni ou bien des herbes séchées, en divisant la quantité par deux.

Quand une recette indique du poivre, utilisez du poivre fraîchement moulu.

Le four doit toujours être préchauffé à la température indiquée.

TYPES DE POISSON

Les poissons maigres (cabillaud, plie, colin, turbot) ont une chair blanche, contenant peu de graisses ; veillez à ce qu'ils ne dessèchent pas en cours de cuisson.
Les poissons gras (maquereau, hareng, sardine) ont un taux de graisses plus élevé ; on peut les servir avec des sauces à base de fruits pour neutraliser la graisse.
Les fruits de mer se divisent en deux groupes.
Les crustacés : crabe, crevette, langouste.
Les coquillages : huîtres, moules, clams, coques.
Les poissons d'eau douce (saumon, truite, carpe, brochet) proviennent des lacs et des rivières.

LE CHOIX ET L'ACHAT

Acheter du poisson frais est facile de nos jours grâce aux équipements de réfrigération pendant le transport et chez les détaillants. Vérifiez les signes de fraîcheur suivants :

- Les écailles doivent être brillantes et très adhérantes.
- L'œil doit être brillant, clair et légèrement saillant.
- Les branchies doivent être humides et d'un rouge vif.
- Les poissons en tranche doivent présenter une chair blanche qui tienne bien à l'arête médiane.
- L'odeur doit être fraîche et agréable.

PRÉPARATION POUR LA CUISSON

Demandez à votre poissonnier de préparer le poisson que vous venez d'acheter. Réclamez toujours les arêtes, les ébarbures et la tête pour les utiliser dans une soupe ou une sauce.

Si cependant vous devez retirer la peau et lever des filets, suivez les conseils ci-dessous :
Lever des filets : posez le poisson sur une planche. Insérez la lame d'un couteau entre la chair et les arêtes, le long de l'arête centrale. Grattez le long des arêtes, de la tête vers la queue jusqu'à ce que le filet vienne de lui-même. Répétez l'opération de l'autre côté. Retournez le poisson et levez les deux autres filets de la même manière.
Retirer la peau d'un filet : posez le filet de poisson sur une planche, la queue vers vous et la chair sur le dessus. Tenez la queue d'une main ferme et glissez la lame d'un couteau fin bien aiguisé entre la peau et la chair et progressez le long du filet.
Retirer la peau d'un poisson entier : faites une encoche dans la peau à l'extrémité de la queue, glissez-y un doigt et remontez la peau en tirant vers la tête. Répétez l'opération de l'autre côté. Si la peau est trop glissante, utilisez un torchon.

Écailler un poisson : tenez la poisson par la queue. Utilisez le dos d'un couteau et grattez vers la tête pour retirer les écailles.
Vider un poisson : prenez un couteau bien tranchant, ouvrez le ventre du poisson et sortez les entrailles. Rincez le poisson sous l'eau froide, puis essuyez-le.

CUISSON DU POISSON

Le poisson frais a une chair tendre et délicate qui nécessite une cuisson soignée, sur feu doux, et brève. Un feu vif et une cuisson prolongée ne feront que durcir la chair et détruire la saveur. Les méthodes de cuisson ci-dessous conviennent bien.
Pochage : pour un grand poisson.

Faites chauffer le liquide (lait, eau, bouillon, vin), ajoutez des condiments (bouquet garni, citron, herbes), plongez le poisson dans le liquide et faites cuire doucement 10 à 15 minutes pour des filets ou 8 à 10 minutes par livre pour un poisson entier. Ne laissez pas bouillir.
Cuisson à la vapeur : pour des poissons entiers et des filets, mais assurez-vous qu'ils sont bien assaisonnés.

Faites chauffer de l'eau dans une casserole jusqu'à ce qu'elle frémisse. Placez le poisson dans une assiette beurrée, couvrez d'une autre assiette et posez le tout sur la casserole. Laissez cuire environ 10 minutes.
Cuisson sur le gril : méthode rapide de cuisson pour des poissons entiers.

Huilez le poisson avec un pinceau ou parsemez-le de beurre, pour l'empêcher de sécher. Passez-le sous le gril 5 à 10 minutes, en le tournant à mi-cuisson.

Si vous faites griller un poisson plus épais à certains endroits qu'à d'autres, entaillez en diagonales les parties épaisses pour que la chaleur y pénètre.
Cuisson au four : elle convient aux poissons entiers, aux filets et aux darnes.

Placez le poisson dans un plat allant au four et versez dessus le liquide (bouillon, vin, lait ou eau). Ajoutez les condiments, les herbes, des oignons hachés, des carottes, du céleri, du citron en tranches. Couvrez de papier aluminium et faites cuire 15 à 20 minutes au four (180°).

Retirez du liquide de cuisson et utilisez celui-ci pour faire une sauce.
Braisage : peut se faire en cocotte ou au four.

Faites revenir quelques légumes hachés, par exemple céleri, oignon, carotte, dans du beurre fondu dans une cocotte. Coupez le poisson en tranches et ajoutez dans la cocotte. Versez environ 1 l d'eau ou de bouillon et 15 cl de vin, de cidre ou de vinaigre. Ajoutez du sel, du poivre, des herbes.

Faites cuire 25 à 30 minutes au four (180°) ou 20 minutes sur la cuisinière.

Friture dans la poêle : elle convient aux petits poissons entiers, aux filets et au poisson en tranches.

Passez le poisson dans la chapelure, la farine ou la pâte à frire ; cela l'empêche de sécher.

Dans une grande poêle à fond épais, faites chauffer assez d'huile ou de beurre pour que cela recouvre le fond sur 1 à 2 cm d'épaisseur. Faites cuire le poisson à température modérée 5 à 10 minutes de chaque côté, selon l'épaisseur du poisson. Égouttez sur du papier absorbant.

Friture : pour les petits oignons entiers, les beignets, les scampi, les filets, les tranches.

Protégez le poisson comme dans la friture précédente. Faites chauffer l'huile à 180°. Si vous n'avez pas de thermostat, plongez un cube de pain rassis dans l'huile chaude ; s'il dore en 60 secondes, l'huile est assez chaude.

Posez le poisson dans le panier de la friteuse et faites cuire 4 à 8 minutes, selon la taille du poisson. Ne faites pas cuire trop de morceaux à la fois, car la température de l'huile s'abaisserait et il faudrait plus de temps de cuisson. Égouttez sur du papier absorbant.

POUR VÉRIFIER LA CUISSON

1. Piquez une fourchette dans la partie la plus charnue du poisson ; la chair s'effeuillera si elle est cuite.
2. La chair devient opaque.
3. Des grumeaux blancs apparaissent sur les poissons maigres quand ils sont cuits.

Court-bouillon

Bouillon pour pocher le poisson.

2 oignons émincés
3 carottes émincées
2 branches de céleri émincées
2 rondelles de citron
25 g de persil en branches
1 feuille de laurier
1 cuillère à café de sel
6 grains de poivre noir
15 g de beurre
50 cl de vin blanc sec
1 l d'eau

Mettez tous les ingrédients dans une casserole, portez à ébullition, couvrez et faites frémir 20 minutes. Laissez refroidir à 37° avant d'ajouter le poisson.

Un fois le poisson cuit, le bouillon peut être filtré et servir de base à des sauces.

Pour 1,75 l de court-bouillon

Fumet de poisson

Bouillon de poisson concentré, c'est une bonne base pour une soupe de poisson.

arêtes et ébarbures de 2-3 poissons
2 branches de céleri émincées
2 oignons émincés
1 carotte émincée
1 feuille de laurier
1 cuillère à café de sel
2,5 l d'eau
15 cl de vin blanc sec (facultatif)

Mettez tous les ingrédients dans une grande casserole, portez à ébullition, puis laissez frémir, sans couvrir, 30 à 45 minutes pour obtenir 1,5 l de liquide.

Kedgeree

350 g de haddock
150 g de riz brun cuit
1 œuf dur haché
1/2 cuillère à café de paprika
150 g de yaourt nature
sel et poivre
25 g de beurre
quartiers de citron pour décorer

Mettez le haddock sur une assiette posée sur une casserole d'eau bouillante, couvrez et laissez ainsi 10 minutes. Émiettez-le.

Mélangez-le avec le riz, l'œuf, le paprika, le yaourt, salez, poivrez, disposez le tout dans un plat à four et parsemez de morceaux de beurre.

Faites cuire 30 minutes au four (180°). Décorez avec les quartiers de citron.

Pour 4 personnes

Haddock au jambon

350 g de haddock
40 g de beurre
4 tranches fines de jambon de Paris
persil pour décorer

Coupez le haddock en 4 parts que vous pocherez 5 minutes à l'eau bouillante. Égouttez-les.

Faites fondre le beurre dans une poêle et faites revenir doucement le jambon. Posez sur chaque tranche de jambon un morceau de haddock, couvrez et laissez cuire 5 minutes.

Disposez sur un plat de service chaud et décorez avec le persil.

Pour 4 personnes

VARIANTE : répartissez sur le poisson 3 cuillères à soupe de crème fraîche et passez 2 minutes sous le gril avant de servir.

Harengs

6 cuillères à soupe de flocons d'avoine
sel et poivre
4 harengs nettoyés, en filets
15 g de beurre
1 cuillère à soupe d'huile
quartiers de citron et persil

Salez, poivrez les flocons d'avoine avant d'en couvrir les filets de poisson.

Faites chauffer le beurre et l'huile dans une poêle et faites dorer les filets de poissons, 2 par 2, 4-5 minutes de chaque côté. Décorez avec le citron et le persil.

Pour 4 personnes

Œufs cocotte au saumon

50 g de saumon fumé en petits morceaux
4 œufs
sel et poivre
4 cuillères à soupe de crème fraîche

Répartissez le saumon dans 4 ramequins beurrés. Cassez un œuf dans chacun, salez, poivrez et répartissez la crème.
Faites cuire 10 à 15 minutes au bain-marie au four (180°).

Pour 4 personnes

Kippers

2 kippers
15 g de beurre
POUR SEPVIR :
1 tranche de pain de campagne beurré

Coupez la tête et la queue des poissons. Posez-les, peau apparente, sur du papier aluminium et passez-les 1 minute sous le gril. Retournez-les, parsemez de beurre et remettez 5 minutes sous le gril.

Servez aussitôt accompagné de pain de campagne.

Pour 1 personne

NOTE : si vous n'aimez pas l'odeur de cuisson des kippers, essayez cette méthode : mettez-les dans une casserole, couverts d'eau bouillante, posez un couvercle et laissez frémir doucement 5 minutes. Égouttez.

Pâté de kipper

500 g de filets de kippers
65 g de beurre
110 g de fromage blanc non lissé
2 cuillères à soupe de jus de citron
poivre
quartiers de citron et d'orange

Faites cuire les filets de kippers selon les indications de votre poissonnier, émiettez-les avant de les passer au mixeur avec 25 g de beurre, le fromage, le jus de citron, le poivre

Répartissez le mélange dans des ramequins et lissez la surface. Faites fondre le reste de beurre et répartissez sur chaque ramequin. Mettez à glacer au moins 2 heures au réfrigérateur avant de servir.

Décorez avec les quartiers de citron et d'orange.

Pour 4 à 6 personnes

Crêpes au kipper

PÂTE :
125 g de farine complète
1 œuf
30 cl de lait
1 cuillère à soupe d'huile
GARNITURE :
350 g de tomates hachées
4 ciboules hachées
poivre
1 kipper émietté

Mettez la farine dans une jatte, ajoutez l'œuf, puis battez peu à peu le lait.

Faites chauffer l'huile dans une poêle de 20 cm de diamètre, versez 2 cuillères à soupe de pâte et laissez cuire jusqu'à ce que cela soit doré sur les bords. Tournez la crêpe et laissez cuire 20 secondes sur l'autre côté. Mettez-la sur une assiette et tenez au chaud pendant que vous faites cuire les 6 autres crêpes au fur et à mesure.

Pour la garniture, portez à ébullition dans une casserole les tomates, les ciboules, le poivre et laissez frémir 5 minutes. Ajoutez le poisson.

Répartissez la garniture entre les crêpes, pliez-les en triangles et servez aussitôt.

Pour 6 personnes

Soupe de Nouvelle-Angleterre

50 g de beurre
2 ciboules hachées
40 g de farine
1 pincée de Cayenne
sel et poivre
50 cl de fumet de poisson
200 g de clams cuites retirées de leurs coquilles
125 g de crevettes décortiquées
1 boîte (200 g) de maïs égoutté
2 pommes de terre en cubes
15 cl de crème fraîche
1 cuillère à soupe de persil haché

Faites fondre le beurre dans une casserole et faites revenir les ciboules. Ajoutez la farine, le piment, salez, poivrez et laissez cuire 1 minute. Incorporez peu à peu le fumet de poisson, puis portez à ébullition. Ajoutez les clams, les crevettes, le maïs, les pommes de terre et laissez frémir 15 minutes.

Incorporez la crème fraîche et décorez avec le persil.

Pour 4 personnes

Omelette au haddock

25 g de beurre
125 g de champignons de Paris émincés
4 œufs battus
250 g de haddock cuit émietté
cerfeuil pour décorer

Faites fondre le beurre dans une poêle, ajoutez les champignons et laissez revenir 3 minutes.

Ajoutez les œufs et laissez cuire 4 minutes à feu doux. Quand ils commencent à prendre, ajoutez le haddock et laissez cuire 1 minute. Pliez l'omelette en deux et servez aussitôt, décoré de cerfeuil.

Pour 2 personnes

Laitances de harengs

500 g de laitances de harengs
2 cuillères à soupe de farine
sel et poivre
50 g de beurre
1 cuillère à soupe de jus de citron
2 gouttes de sauce Tabasco
1/2 cuillère à café de paprika
2 tranches de pain de campagne grillées beurrées pour servir

Arrosez les laitances d'eau bouillante et séchez-les avec du papier absorbant. Salez, poivrez la farine et passez-y les laitances.

Faites fondre le beurre dans une poêle, ajoutez les laitances, le reste des ingrédients, et laissez-les dorer 5 minutes.

Coupez le pain en triangles. Disposez les laitances sur un plat de service chaud, entourées des triangles de pain. Servez aussitôt.

Pour 2 à 4 personnes

Croquettes de poisson

250 g de haddock
500 g de pommes de terre cuites en purée
1 ciboule hachée
sel et poivre
25 g de beurre
2 œufs battus
50 g de farine complète
125 g de chapelure
2 cuillères à soupe d'huile

Mettez le haddock sur une assiette posée sur une casserole d'eau bouillante, couvrez et laissez cuire 15 minutes, puis émiettez-le.

Mélangez-le avec la purée, la ciboule, salez, poivrez. Ajoutez le beurre et un peu d'œuf pour lier. Salez et poivrez la farine. Séparez le mélange précédent en 8 croquettes, passez-les dans la farine, dans l'œuf et dans la chapelure. Faites dorer les croquettes 3 minutes de chaque côté dans l'huile chaude. Servez chaud.

Pour 8 personnes

Plie à la sauce citron

2 plies en filets
50 g de saumon fumé coupé en 2 tranches
250 g d'épinards cuits
15 g de beurre
15 g de farine
15 cl de lait
2 cuillères à soupe de jus de citron
sel et poivre
quartiers de citron

Prenez 2 filets de plie et posez sur chacun une tranche de saumon, puis recouvrez du reste de plie. Disposez les épinards au fond d'un plat à four beurré et posez dessus les filets de plie.

Faites fondre le beurre dans une casserole, ajoutez et tournez la farine 1 minute, puis incorporez peu à peu le lait et portez à ébullition. Ajoutez le jus de citron, salez, poivrez et versez sur le poisson.

Faites cuire 15 minutes au four (180°) et décorez avec les quartiers de citron.

Pour 2 personnes

Rougets aux endives

350 g d'endives
sel et poivre
25 g de beurre
1 petit oignon émincé
1 échalote émincée
2 cuillères à café de jus de citron
4 petits rougets évidés
aneth pour décorer

Plongez les endives 5 minutes dans l'eau bouillante salée, puis égouttez-les et séparez les feuilles.

Faites fondre le beurre dans une casserole, ajoutez l'oignon, l'échalote, les endives, le jus de citron, salez, poivrez, couvrez et laissez cuire 5 minutes.

Répartissez sur le fond d'un plat à four, posez dessus les rougets, salez, poivrez, couvrez de papier aluminium et faites cuire 20 minutes au four (180°). Décorez avec l'aneth.

Pour 4 personnes

VARIANTE : remplacez les endives par du fenouil.

Tagliatelles aux harengs fumés

250 g de tagliatelles vertes
1 cuillère à soupe d'huile
50 g de champignons émincés
250 g de ricotta
350 g de harengs fumés
POUR DÉCORER :
1 cuillère à soupe de persil haché

Faites cuire les tagliatelles. Pendant ce temps faites chauffer l'huile dans une poêle, ajoutez les champignons et laissez-les revenir 3 minutes. Ajoutez le fromage et laissez-le fondre doucement ; cela ne doit pas bouillir.

Égouttez les tagliatelles, ajoutez-les à la poêle et incorporez le poisson.

Décorez de persil et servez aussitôt.

Pour 4 personnes

Congre au cidre

25 g de beurre
1 oignon haché
500-750 g de congre en tranches
15 g de farine
45 cl de cidre brut
1 petite pomme pelée et émincée
2 gousses d'ail
sel et poivre
persil ou menthe pour décorer

Faites fondre le beurre dans une cocotte, ajoutez et faites revenir l'oignon.

Ajoutez le congre et faites dorer légèrement. Ajoutez la farine et tournez 2 minutes, puis incorporez peu à peu le cidre. Ajoutez la pomme, l'ail, salez, poivrez et portez à ébullition. Faites cuire 1 heure au four (180°).

Décorez de persil ou de menthe avant de servir.

Pour 4 personnes

Flétan

le zeste râpé et le jus de 1 orange et 2 citrons verts
1 tranche de flétan coupée en deux
POUR DÉCORER :
4 rondelles d'orange et de citron vert

Mettez 1 cuillère à soupe de chaque zeste et le jus des fruits dans un plat à four. Posez dessus le poisson. Couvrez et laissez 12 heures au frais, en retournant une fois le poisson.

Couvrez le plat de papier aluminium et faites cuire 20 minutes au four (180°).

Décorez avec les rondelles de fruits.

Pour 2 personnes

Soles à l'indienne

1/2 cuillère à café de Cayenne
1/2 cuillère à café de curcuma
1/2 cuillère à café de coriandre moulue
1/2 cuillère à café de cumin moulu
1/2 cuillère à café de garam massala
sel et poivre
300 g de yaourt nature
2 gousses d'ail écrasées
2 soles en filets
POUR DÉCORER :
feuilles de coriandre
quartiers de citron vert

Mélangez toutes les épices. Ajoutez-les au yaourt ainsi que l'ail. Versez dans une grande jatte, ajoutez le poisson et laissez mariner 1 heure.

Versez de l'eau bouillante à mi-hauteur d'une cocotte. Mettez une grille et posez dessus le poisson. Versez le reste de marinade sur le poisson.

Faites cuire 15 minutes au four (180°).

Disposez sur un plat et décorez avec la coriandre et les quartiers de citron.

Pour 2 personnes

NOTE : pour 4 personnes, ajoutez 2 poissons.

Poisson à la chinoise

500 g de filets de cabillaud
sel
1 cuillère à soupe d'huile
2 tranches de lard découennées émincées
50 g de petits pois cuits
50 g de grains de maïs
6 cuillères à soupe de bouillon
2 cuillères à café de vin blanc sec
2 cuillères à café de sauce soja
1 cuillère à café de sucre
1 cuillère à café de maïzena
ciboules pour décorer

Coupez le poisson en lanières de 2 cm de large, saupoudrez-les de sel et laissez-les ainsi 15 minutes.

Dans l'huile chaude faites revenir le lard 3 minutes. Ajoutez le reste des ingrédients, sauf la maïzena, et portez à ébullition. Incorporez la maïzena délayée avec 1 cuillère à café d'eau et laissez cuire 1 minute.

Décorez avec les ciboules et servez aussitôt.

Pour 4 personnes

Comment préparer les ciboules : coupez la partie verte en lanières, avec une base non coupée de 2 cm. Plongez-les dans de l'eau glacée : elles s'ouvriront d'elles-mêmes.

Plies farcies aux champignons

4 plies nettoyées
1 cuillère à soupe d'huile
1 oignon haché
1 gousse d'ail écrasée
75 g de chapelure
125 g de champignons de Paris hachés
1 cuillère à café de marjolaine hachée
2 cuillères à café de persil haché
POUR DÉCORER :
branches de marjolaine
rondelles de citron

Coupez les nageoires et la queue des poissons. Sur la face blanche de chacun faites une incision le long de l'arête. Sur la moitié du poisson, coupez deux tiers environ tout autour de l'incision afin de former une poche. Répétez l'opération sur l'autre moitié.

Faites chauffer l'huile dans une poêle, ajoutez et faites revenir l'oignon, l'ail et la chapelure. Ajoutez le reste des ingrédients et laissez revenir 2 minutes. Répartissez dans les poches des poissons.

Mettez-les dans un plat à four beurré, couvrez de papier aluminium et faites cuire 20 à 30 minutes au four (200°). Décorez avec de la marjolaine et le citron.

Pour 4 à 6 personnes

Thon blanc à la provençale

2 tranches de thon
1 cuillère à soupe d'huile
1 oignon émincé
750 g de tomates coupées épais
250 g de haricots verts
125 g d'olives vertes dénoyautées
2 cuillères à soupe de câpres
2 cuillères à café d'origan haché
MARINADE :
15 cl de vin blanc sec
4 cuillères à soupe de jus de citron
1 petit oignon émincé
1 feuille de thym
2 branches de persil
2 branches de romarin
2 gousses d'ail pilées
sel et poivre

Coupez les tranches de thon en deux et posez-les dans un plat creux. Versez dessus les ingrédients de la marinade et laissez plusieurs heures au réfrigérateur.

Retirez le poisson. Faites chauffer l'huile dans une poêle, ajoutez et faites revenir le poisson 5 minutes. Mettez-le dans une cocotte.

Faites revenir dans la poêle en tournant l'oignon, les tomates, les haricots coupés en deux, les olives dénoyautées, les câpres, l'origan, la marinade. Versez dans la cocotte, salez, poivrez.

Faites cuire 35 à 40 minutes au four (180°). Retirez le laurier et décorez d'herbes avant de servir.

Pour 4 personnes

Cabillaud nouvelle cuisine

250 g de rhubarbe en morceaux de 1 cm
1 cuillère à soupe de sucre
5 cuillères à soupe de vin blanc sec
2 tranches de cabillaud
sel et poivre
feuilles de menthe

Mettez la rhubarbe et le sucre dans une cocotte, versez le vin, posez dessus le poisson, salez, poivrez. Faites cuire 15 à 20 minutes au four (200°). Décorez avec la menthe et accompagnez de pommes de terre à la crème.

Pour 2 personnes

NOTE : si vous préparez ce plat pour 4 personnes, ajoutez simplement 2 tranches de poisson.

Crêpes au crabe

PÂTE :
125 g de farine complète
1/2 cuillère à café de sel
1 œuf battu
30 cl de lait
125 g d'épinards cuits
huile à friture

GARNITURE :
25 g de beurre
2 échalotes hachées
1 gousse d'ail hachée
125 g de champignons de Paris émincés
25 g de farine
30 cl de lait
350 g de chair de crabe
4 cuillères à soupe de crème fraîche
4 cuillères à soupe de cognac
1 cuillère à soupe de comté râpé
1 cuillère à soupe de cerfeuil haché
sel et poivre

POUR TERMINER :
25 g de beurre fondu
1 cuillère à soupe de parmesan râpé

Pour la pâte, mettez la farine et le sel dans une jatte, ajoutez et battez l'œuf et la moitié du lait. Incorporez peu à peu le reste de lait et ajoutez les épinards.

Faites chauffer un peu d'huile dans une poêle de 15-18 cm de diamètre, versez 1 1/2 cuillère à soupe de pâte. Quand la pâte est prise et les bords dorés, retournez la crêpe et faites cuire de l'autre côté. Disposez les crêpes sur une assiette au fur et à mesure, en les séparant avec du papier sulfurisé.

Pour la garniture, faites fondre le beurre dans une casserole et faites revenir les échalotes, l'ail et les champignons. Ajoutez la farine et tournez 1 minute.

Retirez du feu, ajoutez le reste des ingrédients, salez et poivrez.

Répartissez la garniture sur les crêpes et roulez-les. Posez-les dans un plat à four, badigeonnez-les de beurre fondu et saupoudrez de parmesan. Faites cuire 15 minutes au four (200°).

Pour 4 personnes

Harengs marinés

6 harengs nettoyés, l'arête enlevée, coupés en deux dans le sens de la longueur
2 petits oignons émincés
2 concombres émincés
MARINADE :
30 cl de vinaigre de cidre
30 cl de cidre brut
2 feuilles de laurier
4 gousses d'ail
6 grains de poivre
2 brins de macis
1/2 cuillère à café de sel de mer
1/2 cuillère à café de piment de Cayenne

Mettez les ingrédients de la marinade dans une casserole, portez à ébullition et laissez frémir 10 minutes.

Étalez sur un plan de travail les harengs, la chair en haut. Répartissez dessus des cercles d'oignon et les rondelles de concombre, roulez-les sur eux-mêmes, de la tête vers la queue, et fixez-les avec une pique en bois.

Disposez-les dans un plat à four, versez dessus la marinade et le reste de cercles d'oignons. Couvrez de papier aluminium et faites cuire 30 minutes au four (180°).

Laissez refroidir complètement, puis mettez au réfrigérateur 1-2 jours avant de servir.

Pour 6 personnes

Crevettes au gingembre

8 ciboules hachées
5 cm de gingembre frais haché
2 cuillères à soupe de vin blanc sec
2 cuillères à soupe de sauce soja
15 cl de bouillon de poule
sel et poivre
10 crevettes bouquet ou 500 g de petites crevettes, décortiquées

Mettez tous les ingrédients, sauf les crevettes, dans une casserole, salez, poivrez, portez à ébullition et laissez frémir 2 minutes. Ajoutez les crevettes, couvrez et laissez cuire 3 minutes. Servez aussitôt avec du riz ou des pâtes.
Pour 4 personnes

Gougère au poisson

25 g de beurre
1 oignon haché
25 g de farine
15 cl de lait
3 cuillères à soupe de cidre brut
2 cuillères à soupe de yaourt nature
350 g de maquereaux fumés émiettés
3 cuillères à soupe de cresson haché
sel et poivre
PÂTE A CHOUX :
30 cl d'eau
50 g de beurre
175 g de farine
4 œufs battus
75 g de gruyère râpé
POUR TERMINER :
1 cuillère à soupe de chapelure
25 g d'amandes effilées hachées

Faites fondre le beurre dans une casserole, ajoutez et faites revenir l'oignon. Incorporez la farine, puis le lait, portez à ébullition et tournez 3 minutes.

Retirez du feu et ajoutez le reste des ingrédients, salez, poivrez et laissez refroidir.

Pour la pâte à choux, faites fondre le beurre avec l'eau dans une casserole, portez à ébullition. Retirez du feu et ajoutez la farine en une seule fois. Reportez sur le feu et tournez pour que la pâte se détache bien des bords. Hors du feu, ajoutez peu à peu et rapidement les œufs, le fromage, salez, poivrez.

Étalez la pâte à choux sur les bords d'un plat creux, disposez la garniture au centre, saupoudrez de chapelure et d'amandes. Faites cuire 40 à 45 minutes au four (200°) et servez aussitôt.
Pour 4 à 6 personnes

Harengs au four

1 cuillère à soupe de moutarde
4 harengs séparés en filets
sel et poivre
1 gros oignon émincé
1 grosse pomme épluchée et émincée
1/2 cuillère à café de sauge hachée
750 g de pommes de terre émincées
15 cl d'eau bouillante
feuilles de sauge pour décorer

Étalez la moutarde sur la chair des harengs, salez, poivrez et roulez-les.

Disposez une couche d'oignon sur le fond d'un plat à four beurré. Couvrez-les d'une couche de pomme et posez dessus les harengs. Saupoudrez de sauge, puis redisposez successivement une couche d'oignon, une de pomme et terminez par une couche de pommes de terre.

Versez dessus l'eau bouillante, couvrez de papier aluminium et faites cuire 45 à 50 minutes au four (200°). Décorez avec de la sauge et servez aussitôt.

Pour 4 personnes

Maquereaux au cidre

1 kg de pommes épluchées et émincées
5 cuillères à soupe de cidre brut
150 g de yaourt nature
5 cuillères à soupe de moutarde de Meaux
sel et poivre
4 maquereaux en filets
POUR DÉCORER :
rondelles de citron
brins de persil

Étalez les pommes sur le fond d'un grand plat à four beurré. Faites chauffer doucement le cidre, puis versez-le sur les pommes. Couvrez de papier aluminium et faites cuire 15 minutes au four (200°).

Pendant ce temps, mélangez le yaourt avec la moutarde, salez et poivrez.

Disposez les filets de poisson dans le plat, versez dessus la sauce et laissez cuire au four 30 minutes.

Décorez avec des rondelles de citron et du persil.

Pour 4 personnes

Saumon rapide

1 cuillère à soupe d'huile de tournesol
1 oignon haché
500 g de pommes de terre cuites en dés
1 boîte (450 g) de saumon émietté
2 cuillères à soupe de persil haché
125 g de petits pois cuits
poivre

Faites chauffer l'huile dans une poêle, ajoutez et faites revenir l'oignon. Ajoutez les pommes de terre et tournez 5 minutes.

Incorporez le saumon, le persil, les petits pois, poivrez et laissez revenir doucement 5 minutes. Vous pouvez décorer avec du persil et du citron.

Pour 4 personnes

Gratin de poisson

750 g de cabillaud
30 cl de lait
1 bouquet garni
sel et poivre
1 pied de céleri coupé en morceaux
1 petit bulbe de fenouil en morceaux
2 poireaux émincés
1 carotte émincée
1 cuillère à soupe de jus de citron
15 cl d'eau
40 g de beurre
40 g de farine
3 cuillères à soupe de crème fraîche
2 cuillères à soupe de persil haché
1 cuillère à café de feuilles de fenouil hachées
POUR TERMINER :
50 g de beurre
125 g de farine
75 g de gruyère râpé
1/2 cuillère à café de Cayenne

Mettez le poisson dans une casserole avec le lait, le bouquet garni, salez, poivrez et laissez frémir 10-15 minutes. Mettez de côté le liquide de cuisson. Nettoyez le poisson et émiettez-le en gros morceaux.

Mettez les légumes dans une casserole avec le jus de citron, l'eau ; portez à ébullition, couvrez et laissez frémir 5 minutes. Égouttez et mettez de côté le jus de cuisson.

Faites fondre le beurre dans une casserole, ajoutez la farine et tournez 1 minute. Incorporez peu à peu les liquides de cuisson et laissez bouillir 1 minute en tournant. Retirez du feu, incorporez la crème fraîche, le persil, les feuilles de fenouil, le poisson et les légumes. Versez dans un plat.

Travaillez le beurre et la farine jusqu'à ce que cela soit grumeleux, puis ajoutez le fromage, le piment, et répartissez sur le plat. Faites cuire 20 minutes au four (200°).

Pour 4 à 6 personnes

Croquettes d'églefin

15 cl de lait
15 cl d'eau
250 g d'églefin
sel et poivre
500 g de pommes de terre cuites en purée
1 boîte (215 g) de saumon émietté
125 g de tomates pelées et hachées
2 cuillères à soupe de yaourt nature
75 g de chapelure
2 cuillères à soupe de gruyère râpé
25 g de farine
1 œuf battu
2 cuillères à soupe d'huile

Portez le lait et l'eau à ébullition dans une grande casserole, ajoutez le poisson, salez légèrement, poivrez et laissez frémir 10 minutes.

Émiettez le poisson et mélangez-le dans une jatte avec la purée, le saumon, les tomates, la moitié du persil, le yaourt, salez, poivrez. Divisez en 8 portions auxquelles vous donnerez une forme ovale.

Mélangez la chapelure, le fromage, le reste de persil. Passez les croquettes dans la farine, puis dans l'œuf, puis dans le mélange précédent.

Faites chauffer l'huile dans une poêle et faites dorer les croquettes 3 minutes de chaque côté.

Pour 8 personnes

Pizza à la sardine

150 g de pâte à pizza
120 g de sardines à l'huile égouttées
1 boîte (400 g) de tomates égouttées et hachées
1/2 cuillère à café d'origan
sel et poivre
1 poivron vert évidé et émincé
50 g de champignons de Paris émincés
125 g de mozzarella en rondelles
1 boîte (50 g) de filets d'anchois égouttés
6 olives noires

Étalez la pâte en un cercle de 18 cm de diamètre et posez-la sur une plaque à pâtisserie.

Mélangez dans une jatte les sardines écrasées, les tomates, l'origan, salez, poivrez. Étalez ce mélange sur la pâte et répartissez dessus le poivron, les champignons, puis couvrez avec la mozzarella. Décorez avec les anchois et les olives.

Faites cuire 20 à 25 minutes au four (200°). Servez avec une salade verte.

Pour 4 à 6 personnes

VARIANTE : remplacez les sardines par du thon.

Poivrons farcis

500 g de filets de cabillaud
30 cl d'eau bouillante
1 bouquet garni
1/2 oignon
sel et poivre
1 cuillère à soupe d'huile
1 oignon haché
2 branches de céleri hachées
125 g de riz brun
1 boîte (230 g) de tomates
1 feuille de laurier
1 cuillère à café de marjolaine hachée
15 cl d'eau froide
125 g de crevettes décortiquées
4 cuillères à soupe de maïs en grains
4 poivrons verts
4 crevettes entières pour décorer

Mettez le poisson dans une casserole avec l'eau bouillante, le bouquet garni, le demi-oignon, salez, poivrez, couvrez et laissez frémir 10 à 15 minutes. Retirez et nettoyez le poisson, émiettez-le en gros morceaux.

Faites chauffer l'huile dans une poêle, ajoutez et faites revenir l'oignon et le céleri 2 minutes, puis ajoutez le riz et laissez revenir 3 minutes.

Ajoutez les tomates et leur jus, les herbes, salez, poivrez, versez l'eau froide, portez à ébullition, couvrez et laissez frémir 40 minutes. Retirez du feu et incorporez le poisson, les crevettes et le maïs.

Coupez un chapeau sur chaque poivron et mettez-les de côté. Évidez les poivrons et unifiez la base pour qu'ils soient stables. Plongez-les 2 minutes dans l'eau bouillante, puis dans de l'eau froide. Égouttez.

Répartissez la farce dans les poivrons, posez dessus les couvercles, mettez-les dans un plat à four et faites-les cuire 15 minutes au four (180°). Décorez avec les crevettes.

Pour 4 personnes

Filets de merlan frits

4 filets de merlan
2 cuillères à soupe de farine
125 g de chapelure
2 cuillères à soupe de persil haché
sel et poivre
1 œuf battu
huile à friture
persil pour décorer

Passez les filets dans la farine.
Mélangez la chapelure, le persil, salez et poivrez.

Passez les filets dans l'œuf, puis dans le mélange précédent et faites-les dorer dans l'huile chaude d'une poêle.

Décorez avec du persil et servez avec une sauce tartare (voir page 89).

Pour 4 personnes

Cabillaud sauce blanche

30 cl d'eau bouillante
1 bouquet garni
1 oignon haché gros
4 filets de cabillaud
75 g de gruyère râpé
45 cl de sauce blanche (page 86)
50 g de chips écrasées
persil pour décorer

Mettez dans une casserole l'eau, le bouquet garni, l'oignon, le cabillaud, et laissez cuire 10 à 15 minutes. Retirez le poisson et mettez-le dans un plat creux.

Incorporez le fromage à la sauce blanche, versez sur le poisson et parsemez de chips.

Passez 2-3 minutes sous le gril et décorez avec le persil.

Pour 4 à 6 personnes

Gratin du marin

45 cl de lait
1 feuille de laurier
2 rondelles de citron
sel et poivre
500 g de filets de merlan
50 g de beurre
125 g de petits champignons de Paris coupés en quatre
40 g de farine
3 cuillères à soupe de yaourt
2 cuillères à soupe de persil haché
2 œufs durs hachés
500 g de pommes de terre cuites, en rondelles
50 g de gruyère râpé
POUR DÉCORER :
rondelles de citron
brins de persil

Dans une casserole faites bouillir le lait avec le laurier, les rondelles de citron, le sel, le poivre. Ajoutez le poisson et laissez frémir 15 minutes. Retirez le poisson avec une écumoire et passez le liquide. Émiettez le poisson.

Faites fondre le beurre dans une casserole, ajoutez et faites revenir les champignons 2 minutes. Ajoutez et tournez la farine 1 minute, puis incorporez peu à peu le liquide de cuisson et portez à ébullition.

Retirez du feu et incorporez le poisson, le yaourt, le persil et les œufs. Rectifiez l'assaisonnement et versez dans un plat à gratin. Répartissez dessus les rondelles de pomme de terre, puis saupoudrez de fromage.

Faites cuire 10 à 15 minutes au four (180°). Décorez avec le citron et le persil.

Pour 4 personnes

Lotte à l'orientale

125 g de noix de coco râpée
30 cl d'eau bouillante
750 g de lotte
1 cuillère à soupe d'huile
6 ciboules hachées
1 piment vert haché
1 poivron rouge haché
1 gousse d'ail écrasée
5 cm de gingembre frais, pelé et haché
1/2 cuillère à café de cumin moulu
1/2 cuillère à café de coriandre moulue
1 cuillère à soupe de jus de citron
1 cuillère à soupe de cognac
sel et poivre
POUR DÉCORER :
rondelles de citron
feuilles de coriandre

Mettez la noix de coco dans une jatte, versez dessus l'eau bouillante et laissez infuser 30 minutes. Passez le liquide et jetez la noix de coco.

Pendant ce temps, coupez le poisson en cubes de 5 cm. Faites chauffer l'huile dans une grande poêle, ajoutez le reste des ingrédients, salez, poivrez. Ajoutez le poisson, versez le liquide passé, portez à ébullition et laissez frémir 5 minutes.

Disposez sur un plat de service chaud et décorez avec le citron et la coriandre ; accompagnez de riz.

Pour 4 personnes

Tourte du pêcheur

35 cl de lait
1 feuille de laurier
1 oignon coupé en quatre
350 g de haddock
350 g de merlan
25 g de beurre
25 g de farine
125 g de crevettes décortiquées
125 g de petits pois cuits
2 cuillères à soupe de persil haché
sel et poivre
2 paquets (350 g chaque) de pâte feuilletée
œufs pour badigeonner
POUR DÉCORER :
quartiers de citron
crevettes non décortiquées
cresson

Portez à ébullition dans une casserole le lait avec le laurier et l'oignon. Ajoutez le poisson et laissez cuire doucement 10 minutes. Retirez le poisson, émiettez-le. Ajoutez de l'eau au liquide pour obtenir 35 cl.

Faites fondre le beurre dans une casserole, ajoutez et tournez la farine 1 minute. Incorporez peu à peu le liquide et portez à ébullition. Retirez du feu, ajoutez le poisson, les crevettes, les petits pois, le persil, salez, poivrez et laissez refroidir.

Étalez la moitié de la pâte sur un plan de travail fariné en un ovale de 24 × 30 cm, puis posez-le sur une plaque à pâtisserie humide. Étalez dessus le mélange précédent. Étalez le reste de pâte et posez-la sur le mélange de poisson. Humidifiez bien les bords et pressez-les fermement pour les faire adhérer. Décorez avec les restes de pâte, et faites une cheminée au centre. Badigeonnez d'œuf.

Faites cuire 30 à 35 minutes au four à 200°, puis 20 minutes à 180°. Décorez avec le citron, les crevettes et le cresson.

Pour 4 à 6 personnes

Papillotes de raie

3 cuillères à soupe d'huile
2 carottes en allumettes
3 branches de céleri en rondelles
1/2 fenouil émincé
8 ciboules émincées dans la longueur
1 courgette émincée dans la longueur
1 cuillère à soupe de sauce soja
1 cuillère à soupe de vin blanc sec
sel et poivre
4 ailes de raie

Faites chauffer 1 cuillère à soupe d'huile dans une poêle, ajoutez et tournez les légumes 3 minutes. Ajoutez la sauce soja, le vin, salez, poivrez et laissez frémir 2 minutes. Laissez de côté.

Faites chauffer le reste d'huile dans une autre poêle et faites revenir rapidement les ailes de raie 2 minutes de chaque côté.

Posez chaque aile sur une grande feuille de papier aluminium, couvrez de légumes et repliez le papier pour obtenir une papillote. Faites cuire 15 à 20 minutes au four (200°).

Pour 4 personnes

ENTRÉES ET SALADES

Beignets de scampi

350 g de scampi crus
3 cuillères à soupe de farine
huile à friture
50 g de noix de coco râpée
PÂTE :
125 g de farine
1 pincée de sel
2 cuillères à café d'huile
7-8 cuillères à soupe d'eau tiède
2 blancs d'œufs
POUR DÉCORER :
feuilles de coriandre
rondelles de citron

Pour la pâte, tamisez la farine et le sel dans une jatte, puis incorporez en battant l'huile et l'eau.

Juste avant utilisation, incorporez les blancs d'œufs battus en neige très ferme.

Passez les scampi dans la farine, puis plongez-les dans la pâte avant de les jeter dans la friture ; laissez cuire 5-7 minutes. Égouttez-les sur du papier absorbant, puis passez-les dans la noix de coco.

Décorez avec la coriandre et le citron.

Pour 4 personnes

Moules marinières

2 l de moules
2 échalotes hachées
1 oignon haché
50 g de persil haché
30 cl de vin blanc sec
50 g de beurre
sel et poivre
persil haché pour décorer

Grattez les moules et retirez les barbes. Mettez-les dans une grande cocotte avec les échalotes, l'oignon, le persil, le vin, le beurre, portez à ébullition, couvrez et laissez frémir 5 minutes ; jetez les moules qui ne sont pas ouvertes. Mettez les moules dans un plat et tenez-les au chaud.

Filtrez le jus de cuisson, portez-le à ébullition, salez, poivrez et laissez frémir 1 minute avant de le verser sur les moules.

Décorez avec le persil et servez aussitôt.

Pour 4 personnes

Brochettes de lotte

500 g de lotte en cubes
1 poivron vert en dés
1 boîte (225 g) d'ananas en morceaux
1 cuillère à soupe d'huile
250 g de germes de soja
1 cuillère à soupe de sauce soja
sel et poivre
2 ciboules hachées
MARINADE :
15 cl d'huile d'olive
1 petit oignon haché
2 gousses d'ail écrasées
1 cuillère à café de moutarde
2 cuillères à café de vinaigre de cidre

Mettez le poisson dans un plat creux, versez dessus tous les ingrédients de la marinade, mélangez et laissez 1 heure.

Plongez le poivron 1 minute dans de l'eau bouillante. Égouttez l'ananas et mettez de côté le jus.

Répartissez le poisson, le poivron et l'ananas sur 8 brochettes. Faites-les cuire 5 minutes sous le gril en les arrosant avec la marinade.

Pendant ce temps, faites chauffer l'huile dans une poêle, ajoutez et tournez 2 minutes les germes de soja. Versez la sauce soja, le jus d'ananas, salez, poivrez et laissez cuire 2 minutes. Disposez sur un plat de service chaud et saupoudrez de ciboule.

Posez dessus les brochettes et servez.

Pour 4 personnes

Soupe de roussette au cresson

50 cl de lait
1 bouquet garni
2 échalotes hachées
250 g de roussette coupée fin
125 g de cresson
15 cl de crème fraîche
POUR DÉCORER :
branches de cresson (facultatif)
croûtons

Portez à ébullition dans une casserole le lait, le bouquet garni et l'échalote. Ajoutez le poisson, le cresson, et laissez frémir 10 minutes. Passez au mixeur.

Reversez dans la casserole, incorporez la crème fraîche et faites réchauffer doucement sans bouillir.

Servez dans des bols, décorés avec du cresson et des croûtons.

Pour 4 personnes

Saumon mariné

750 g-1 kg de queue de saumon en filets

MARINADE :

1 cuillère à soupe rase de sel de mer

1 cuillère à soupe de sucre

1 cuillère à café de grains de poivre écrasés

1 cuillère à soupe de cognac

1 cuillère à soupe d'aneth haché

POUR DÉCORER :

aneth

Mélangez tous les ingrédients de la marinade et versez-en un quart sur un plat.

Posez sur le plat un filet de poisson, la peau touchant la marinade. Versez la moitié du reste de marinade et posez un autre filet de poisson la peau apparente.

Couvrez avec le reste de marinade et frottez-en la peau du poisson. Couvrez de papier aluminium, posez dessus un poids et laissez 12 heures au réfrigérateur avant de servir.

Découpez le saumon en fines tranches et décorez avec l'aneth. Servez avec de la sauce moutarde (page 88).

Pour 4 à 6 personnes

Ramequins de crevettes

250 g de beurre clarifié (voir note)
1/4 cuillère à café de piment de Cayenne
1/2 cuillère à café de macis moulu
1/2 cuillère à café de noix de muscade râpée
sel
500 g de crevettes décortiquées
POUR DÉCORER :
4 rondelles de citron
4 branches de cerfeuil

Faites chauffer dans une casserole deux tiers du beurre clarifié avec les épices, puis ajoutez les crevettes et laissez chauffer quelques minutes. Répartissez-les dans 4 à 6 ramequins et laissez-les prendre au réfrigérateur.

Faites fondre le reste du beurre clarifié, puis versez-le sur les crevettes pour qu'elles soient bien couvertes. Couvrez et laissez au moins une journée au réfrigérateur.

Décorez avec des rondelles de citron et du cerfeuil. Accompagnez de toasts.

Pour 4 à 6 personnes

NOTE : pour clarifier le beurre, faites-le fondre et passez-le à travers une mousseline.

Taramasalata

175 g d'œufs de cabillaud fumés écrasés
110 g de fromage blanc
50 g de mie de pain
2 cuillères à soupe de jus de citron
8-10 cuillères à soupe d'huile
poivre
œufs de lump
quartiers de citron

Passez au mixeur les œufs de poisson, le fromage, la mie de pain et le jus de citron.

Incorporez peu à peu l'huile, tout en laissant tourner le mixeur, poivrez et laissez 2 heures au réfrigérateur.

Décorez avec les œufs de lump et les quartiers de citron. Servez avec du pain grillé.

Pour 4 personnes

Terrines aux deux poissons

125 g de pointes d'asperges blanchies
50 g de crevettes décortiquées
GARNITURE DE LOTTE :
300 g de lotte, arête et peau retirées, coupée gros
2 cuillères à soupe de vin blanc sec
2 cuillères à soupe de crème fraîche
2 cuillères à soupe d'estragon haché
1 cuillère à soupe de cerfeuil haché
sel et poivre
1 œuf battu
GARNITURE DE SAUMON :
300 g de saumon
2 cuillères à soupe de crème fraîche
1 trait de tabasco

Beurrez des terrines individuelles de 10 × 6 × 4 cm. Disposez sur le fond des terrines les pointes d'asperges et les crevettes.

Passez au mixeur la lotte et le reste des ingrédients de sa garniture, avec la moitié de l'œuf. Répartissez dans les terrines.

Passez au mixeur les ingrédients de la garniture au saumon avec le reste d'œuf et répartissez dans les terrines.

Couvrez-les de papier aluminium et faites cuire 15-20 minutes au bain-marie au four (180°).

Démoulez les terrines sur des assiettes et servez avec une sauce hollandaise (page 90).

Si vous préférez, mettez à glacer plusieurs heures au réfrigérateur et démoulez 30 minutes avant de servir pour que les terrines soient à température ambiante.

Pour 4 personnes

Coquilles Saint-Jacques au citron vert

le jus de 2 citrons verts
350 g de vanneaux (voir note) ou de coquilles Saint-Jacques
sel et poivre
2 cuillères à soupe d'aneth haché
1/4 de concombre en dés
2 cuillères à café d'huile
POUR DÉCORER :
rondelles de citron vert
aneth

Mettez les coquilles Saint-Jacques dans une casserole avec le jus de citron, salez, poivrez, portez à ébullition et laissez frémir 2-3 minutes.

Retirez du feu et laissez refroidir. Ajoutez l'aneth, le concombre, l'huile, puis versez dans un plat et laissez 2 heures au réfrigérateur. Décorez de citron et d'aneth.

Pour 4 personnes

NOTE : les vanneaux sont plus petits que les coquilles Saint-Jacques.

Cannelloni de maquereaux

175 g de maquereaux fumés émiettés
110 g de fromage blanc non lissé
125 g d'épinards cuits
sel et poivre
8 cannelloni
30 cl de sauce tomate (page 89)
2 cuillères à soupe de parmesan râpé

Mélangez le poisson, le fromage, les épinards, salez, poivrez, répartissez dans les cannelloni et posez-les dans un plat à four. Versez dessus la sauce tomate, saupoudrez de fromage.

Faites cuire 15-20 minutes au four (180°).

Pour 4 personnes

Petite friture

3 cuillères à soupe de farine
1/2 cuillère à café de sel
1/4 cuillère à café de paprika
500 g de petite friture
huile à friture
POUR DÉCORER :
persil haché
quartiers de citron

Mélangez la farine avec le sel et le paprika, puis passez-y la friture.

Plongez, par fournées, la friture 2-3 minutes dans l'huile chaude et laissez dorer. Égouttez sur du papier absorbant, puis disposez sur un plat de service chaud. Saupoudrez de persil, décorez de quartiers de citron et servez aussitôt.

Pour 4 personnes

Haddock aux poireaux

250 g de haddock
65 g de beurre
2 poireaux coupés en rondelles
500 g de pommes de terre cuites en dés
15 cl de crème fraîche
sel et poivre
1 cuillère à soupe de persil haché pour décorer

Mettez le haddock sur une assiette posée sur une casserole d'eau bouillante. Parsemez 15 g de beurre, couvrez et laissez cuire 10 minutes.

Faites fondre le reste de beurre dans une casserole, ajoutez et faites revenir 5 minutes les poireaux. Ajoutez les pommes de terre, le poisson, puis incorporez la crème, salez et poivrez. Décorez avec le persil haché avant de servir.

Pour 4 personnes

Salade de roussette

500 g de roussette
30 cl de vin blanc sec ou d'eau
1 oignon coupé gros
1 feuille de laurier
sel et poivre
500 g de pommes de terre nouvelles cuites, coupées en deux
1/2 concombre en dés
250 g de betteraves rouges en cubes
2 cuillères à soupe de câpres
SAUCE :
15 cl de fromage frais
le jus de 1/2 citron
2 cuillères à soupe de ciboulette hachée
1 cuillère à soupe de cerfeuil haché

Mettez dans une casserole le poisson, le vin, l'oignon, le laurier, salez, poivrez et laissez frémir 10 à 15 minutes. Égouttez le poisson, laissez-le refroidir et coupez-le en cubes.

Mettez-les dans un saladier avec les pommes de terre, le concombre, les betteraves et les câpres.

Mélangez les ingrédients de la sauce, salez, poivrez, versez sur la salade et tournez bien.

Pour 4 personnes

Salade de scampi

1 cuillère à soupe d'huile d'olive
sel et poivre
250 g de scampi
1 avocat pelé, dénoyauté et coupé en lamelles
2 oranges pelées et séparées en quartiers
2 endives, feuilles séparées
SAUCE :
2 cuillères à soupe d'huile d'olive
3 cuillères à soupe de jus d'orange
2 cuillères à soupe de jus de citron
1 cuillère à soupe de cerfeuil haché
1 cuillère à café de ciboulette hachée

Faites chauffer l'huile dans une poêle, salez, poivrez et faites revenir 3-5 minutes les scampi. Retirez-les.

Disposez dans des assiettes l'avocat, les quartiers d'orange, les endives et les scampi.

Mélangez tous les ingrédients de la sauce et répartissez sur les assiettes.

Vous pouvez aussi couper tous les ingrédients, les mettre dans un saladier et les arroser de sauce.

Pour 4 personnes

NOTE : si vous servez cette salade comme plat principal, utilisez 500 g de scampi.

Salade de truite aux kiwis

175 g de truite fumée
1 kiwi en rondelles
2 pommes évidées et hachées
50 g d'amandes effilées grillées
2 cuillères à soupe de crème fraîche
1 cuillère à café de jus de citron
poivre
menthe pour décorer

Retirez la peau et les arêtes du poisson. Coupez-le en morceaux et mettez-le dans un saladier. Coupez chaque tranche de kiwi en 4 et ajoutez-les ainsi que les pommes, les amandes, la crème, le jus de citron, poivrez.

Mélangez bien et répartissez dans 4 assiettes, puis décorez avec la menthe.

Pour 4 personnes

Truites farcies

4 truites préparées
huile de tournesol
FARCE :
1 avocat bien mûr, pelé, dénoyauté et haché
1 cuillère à café de jus de citron
25 g de pistaches hachées
1 cuillère à soupe de miel liquide
1 cuillère à soupe de sauce soja
sel et poivre
POUR DÉCORER :
4 rondelles de citron vert
feuilles de coriandre

Mélangez tous les ingrédients de la farce et répartissez-la dans les cavités des truites.

Posez-les dans un plat à four, badigeonnez-les d'huile, couvrez-les de papier aluminium. Faites cuire 20 minutes au four (180°).

Disposez sur un plat de service chaud, décorez avec le citron et la coriandre.

Pour 4 personnes

Moules farcies

4 douzaines de moules fraîches grattées
sel
2 rondelles de citron
2 cuillères à café de jus de citron
125 g de beurre ramolli
3 gousses d'ail écrasées
1 échalote hachée
2 cuillères à soupe de persil haché
3 cuillères à soupe de chapelure
persil pour décorer

Plongez les moules dans une casserole d'eau bouillante salée, ajoutez les rondelles de citron, couvrez et laissez cuire 7 minutes. Retirez-les avec une écumoire et jetez celles qui ne sont pas ouvertes. Retirez la partie de la coquille qui ne contient pas la moule.

Battez ensemble le reste des ingrédients et répartissez sur les moules. Posez-les sur une plaque et faites cuire 5 minutes au four (200°).

Disposez-les sur un plat de service chaud et décorez avec le persil.

Pour 4 personnes

Tartelettes aux crevettes

220 g de pâte brisée
3 cuillères à soupe de mayonnaise
3 cuillères à soupe de crème fraîche
1 cuillère à soupe de ketchup
1/2 cuillère à café de tabasco
1 cuillère à café de Cayenne
2 cuillères à soupe de ciboulette hachée
sel et poivre
175 g de crevettes décortiquées
8 cm de concombre en dés
2 tomates pelées et hachées
2 œufs durs hachés
herbes pour décorer

Étalez la pâte sur 5 mm d'épaisseur sur un plan de travail fariné. Découpez-y 24 cercles de 8 cm de diamètre et posez-les sur 2 plaques à pâtisserie. Piquez la pâte et faites cuire 10 à 15 minutes au four (180°). Laissez refroidir sur une grille.

Mélangez la mayonnaise, la crème, le ketchup, le tabasco, le Cayenne, la ciboulette, salez, poivrez. Ajoutez le reste des ingrédients.

Répartissez ce mélange sur les tartelettes, posez-les sur un plat de service et décorez avec les herbes.

Pour 24 tartelettes

Brochettes de coquilles Saint-Jacques

15 cl de vin blanc sec
1 cuillère à soupe de vinaigre de cidre
1 cuillère à soupe d'aneth haché
1/2 cuillère à café de sel
12 grosses coquilles Saint-Jacques
2 concombres pelés, en rondelles de 1 cm
8 grosses crevettes
15 g de beurre fondu
POUR DÉCORER :
quartiers de tomates
feuilles de basilic

Mettez le vin, le vinaigre, l'aneth et le sel dans une casserole, portez à ébullition, puis ajoutez les coquilles Saint-Jacques et le concombre. Laissez frémir 2 minutes, puis retirez les Saint-Jacques et mettez le liquide de côté.

Piquez une crevette sur chaque brochette, puis les Saint-Jacques et le concombre, en terminant par une crevette. Badigeonnez de beurre et faites cuire 3 minutes de chaque côté sous le gril, en arrosant avec le liquide de cuisson.

Disposez les brochettes sur un plat de service chaud et décorez avec les tomates et le basilic ; servez avec une sauce tomate piquante (page 91).

Pour 4 personnes

Soupe de concombre glacée

25 g de beurre
1 concombre haché
2 échalotes hachées
30 cl de lait
2 gousses d'ail écrasées
1 feuille de laurier
sel et poivre
1 cuillère à soupe de menthe hachée
1 cuillère à soupe de ciboulette hachée
250 g de crevettes décortiquées
30 cl de crème fraîche
POUR DÉCORER :
menthe
rondelles de concombre

Faites fondre le beurre dans une casserole, ajoutez le concombre, les échalotes, couvrez et laissez cuire 5 minutes.

Ajoutez le lait, l'ail, le laurier, salez, poivrez et laissez frémir 10 minutes. Retirez le laurier et passez le tout au mixeur. Versez dans une soupière, incorporez les herbes, les crevettes et la crème. Laissez au frais 2 heures.

Décorez avec la menthe et le concombre.

Pour 4 personnes

NOTE : vous pouvez aussi servir cette soupe chaude.

Salade de lotte au melon

1 kg de lotte coupée en lanières
8 coquilles Saint-Jacques émincées
1 oignon haché
2 rondelles de citron
1 bouquet garni
15 cl de cidre brut
15 cl d'eau
sel et poivre
SALADE :
1 cuillère à soupe d'huile
2 échalotes hachées
6 ciboules hachées
3 cm de gingembre frais haché
1/2 cuillère à café de gingembre en poudre
1/2 cuillère à café de paprika
4 branches de céleri hachées
4 cuillères à soupe de crème fraîche
4 cuillères à soupe de mayonnaise
1 melon
céleri et persil

Mettez le poisson avec le reste des ingrédients dans une casserole, portez à ébullition et laissez frémir 5 minutes. Égouttez le poisson et les Saint-Jacques, et laissez refroidir.

Faites chauffer l'huile dans une poêle, ajoutez et faites revenir 2 minutes les échalotes, les ciboules et le gingembre haché. Ajoutez le gingembre en poudre, le paprika, le céleri, et laissez cuire 1 minute. Mettez dans une jatte et laissez refroidir.

Ajoutez crème, mayonnaise, poisson et Saint-Jacques.

Coupez le melon en deux, épépinez-le. Découpez la chair en petites boules ou en cubes et incorporez-les au poisson. Disposez le tout dans un saladier et laissez 30 minutes au frais avant de servir, décoré de céleri et de persil.

Pour 4 à 6 personnes.

Mousse d'anguille fumée

350 g d'anguille fumée
125 g de fromage blanc non lissé
15 cl de crème fraîche
1 cuillère à soupe de jus de citron
2 cuillères à soupe de persil haché
sel et poivre
POUR DÉCORER :
feuilles de laitue
rondelles de concombre
rondelles de citron

Retirez la peau et les arêtes de l'anguille et émiettez-la. Passez-la au mixeur avec le reste des ingrédients, salez et poivrez. Versez dans une jatte et laissez au réfrigérateur jusqu'au moment de servir.

Répartissez la mousse dans des assiettes recouvertes de feuilles de laitue. Décorez avec le concombre et le citron.

Pour 4 personnes

Truite saumonnée

1 truite saumonnée de 1 kg, nettoyée et vidée
1 feuille de laurier
1 citron en rondelles
1 cuillère à café de sel
12 grains de poivre
30 cl de vin blanc sec
POUR DÉCORER :
25 g de gelée en poudre
2 citrons en rondelles
2 citrons verts en rondelles
1 petite botte d'aneth
1 petite botte de cresson

Disposez une feuille de papier aluminium dans un grand plat à four, badigeonnez-la d'huile. Posez la truite en l'incurvant légèrement. Posez dessus le laurier, les rondelles de citron, saupoudrez de sel et de poivre. Versez le vin. Repliez le papier autour du poisson et fermez bien.

Faites cuire 30 minutes au four (150°), puis laissez refroidir dans le plat.

Préparez 30 cl d'aspic selon les indications du paquet et couvrez le poisson d'une fine couche. Coupez les rondelles de citron en quatre et disposez-les au centre du poisson avec l'aneth. Badigeonnez-les d'un peu d'aspic.

Laissez prendre plusieurs heures au réfrigérateur. Décorez avec le cresson au moment de servir.

Pour 4 personnes

Rougets en feuille de vigne

6 feuilles de vigne
2 rougets de 250 g chacun, écaillés et lavés
huile
FARCE :
1 grosse tomate hachée
2 filets d'anchois hachés
2 cuillères à soupe de persil haché
1 cuillère à soupe de basilic haché
1 gousse d'ail écrasée
sel et poivre
POUR DÉCORER :
4 anchois
2 olives noires

Mélangez les ingrédients de la farce et étalez-la sur 2 feuilles de vigne.

Répartissez les feuilles de vigne en deux groupes de trois, se chevauchant, celles couvertes de farce au centre. Posez dessus les poissons et repliez les feuilles de vigne. Mettez-les dans un plat à four, badigeonnez-les d'huile et faites cuire 15 minutes au four (200°).

Disposez-les sur un plat de service chaud, et décorez avec les anchois et les olives.

Pour 2 personnes

Mousse de saumon

250 g de saumon fumé en tranches
430 g de saumon en boîte émietté
15 cl de crème fraîche liquide
8 cuillères à soupe de crème fraîche
1/2 concombre haché
2 cuillères à soupe d'estragon haché
2 œufs, blancs et jaunes séparés
1/4 cuillère à café de Cayenne
sel et poivre
15 g de gélatine trempée dans 3 cuillères à soupe d'eau
cresson pour décorer

Disposez les tranches de saumon dans un moule à savarin.

Mélangez le saumon en boîte, la crème liquide, la crème fraîche, le concombre, l'estragon, les jaunes d'œufs, le Cayenne, salez et poivrez.

Faites dissoudre la gélatine à feu doux, puis incorporez-la peu à peu au mélange précédent.

Battez les blancs d'œufs en neige très ferme et incorporez-les délicatement. Versez dans le moule et laissez prendre plusieurs heures au réfrigérateur.

Démoulez sur un plat et garnissez le centre de cresson.

Pour 6 à 8 personnes

Salade de pamplemousse aux crevettes

1 cuillère à soupe d'huile
1 oignon haché
250 g de crevettes décortiquées
2 cuillères à soupe de jus de citron
4 cuillères à soupe de vin blanc sec
sel et poivre
4 cuillères à soupe de mayonnaise
1 cuillère à café de sauce tabasco
1/2 cuillère à café de Cayenne
2 pamplemousses roses en quartiers
1 poivron rouge en dés
1 laitue
POUR DÉCORER :
pamplemousse
1 crevette

Faites chauffer l'huile dans une poêle, ajoutez et faites revenir l'oignon. Ajoutez les crevettes, le jus de citron, le vin, salez, poivrez et laissez frémir 5 minutes.

Laissez refroidir légèrement, retirez les crevettes et l'oignon avec une écumoire, et mettez-les dans une jatte. Incorporez la mayonnaise, le tabasco et le Cayenne.

Coupez les quartiers de fruits en deux et ajoutez-les, ainsi que le poivron.

Répartissez sur 4 assiettes garnies de feuilles de laitue. Décorez avec 4 quartiers de fruit et 4 crevettes non décortiquées (facultatif).

Pour 4 personnes

Couronne de riz aux crevettes

350 g de riz long
sel
brins de safran
1 cuillère à soupe d'huile
1 cuillère à soupe de curry
8 ciboules hachées
1 poivron rouge haché
50 g de pignons
75 g de raisins secs
250 g de crevettes décortiquées
SAUCE :
4 cuillères à soupe d'huile
2 cuillères à soupe de vinaigre de vin
1 cuillère à café de moutarde
2 cuillères à soupe de coriandre hachée
POUR DÉCORER :
quartiers d'orange
feuilles de coriandre

Faites cuire le riz à l'eau bouillante salée, additionnée de quelques brins de safran, 20 minutes ; le liquide doit être absorbé.

Pendant ce temps, mélangez les ingrédients de la sauce. Incorporez le riz égoutté, pendant qu'il est encore chaud. Laissez refroidir légèrement.

Dans l'huile chaude d'une poêle, faites revenir le curry, les ciboules, le poivron, les pignons, les raisins et tournez 2 minutes. Ajoutez le riz et laissez refroidir. Incorporez les crevettes, puis versez dans un moule à savarin huilé, tassez bien et laissez au frais jusqu'au moment de servir.

Démoulez sur un plat de service, et décorez avec les quartiers d'orange et les feuilles de coriandre.

Pour 4 à 6 personnes

Filets aux champignons

25 g de farine
sel et poivre
6 filets de poisson (merlan, cabillaud...)
175 g de beurre
350 g de champignons de Paris émincés
1 gousse d'ail écrasée
8 cuillères à soupe de crème fraîche
1 cuillère à café de jus de citron
POUR DÉCORER :
persil
rondelles de citron

Passez le poisson dans la farine salée et poivrée. Faites fondre 125 g de beurre dans une petite casserole, portez à ébullition, puis passez-le à travers une mousseline au-dessus d'une poêle. Ajoutez le poisson et faites-le revenir 3 minutes de chaque côté, tenez-le au chaud.

Faites fondre le reste de beurre dans une autre poêle, ajoutez les champignons, l'ail, couvrez et laissez frémir 8 minutes. Incorporez la crème, le jus de citron, salez, poivrez.

Disposez le poisson sur un plat de service chaud et nappez-le de sauce aux champignons. Décorez.

Pour 6 personnes

Bar farci

1 bar (750 g) préparé
250 g d'épinards
15 g de beurre fondu
2 échalotes hachées
15 cl de vin blanc sec
FARCE :
50 g de chapelure
15 g de beurre fondu
2 cuillères à soupe de cerfeuil haché
2 cuillères à soupe d'estragon et basilic hachés
sel et poivre
POUR DÉCORER :
2 rondelles d'orange coupées en quatre

Mélangez les ingrédients de la farce et garnissez-en l'intérieur du poisson.

Mettez les épinards dans une passoire, posée dans une jatte, arrosez-les d'eau bouillante, puis égouttez-les bien.

Enveloppez le poisson dans les feuilles d'épinard, en laissant la tête et la queue apparentes.

Versez le beurre fondu sur le fond d'un plat à four, répartissez les échalotes, posez dessus le poisson et versez le vin. Couvrez de papier aluminium et faites cuire 30 minutes au four (200°).

Disposez sur un plat de service, décorez avec les morceaux d'orange et servez avec une sauce (voir pages 88-89).

Pour 2 personnes

Marmite du pêcheur

12 moules nettoyées
sel et poivre
500 g de lotte
2 calmars nettoyés
2 cuillères à soupe d'huile
2 oignons hachés
2 carottes émincées
6 branches de céleri hachées
2 gousses d'ail écrasées
1 boîte (400 g) de tomates
2 cuillères à café de sucre
4 cuillères à soupe de jus de citron vert
2 cuillères à soupe de coriandre hachée
1 bouquet garni
15 cl de vin blanc sec
quelques gouttes de sauce tabasco
4 coquilles Saint-Jacques émincées
3 petits rougets préparés
coriandre hachée pour décorer

Plongez les moules dans une casserole d'eau bouillante salée 7 minutes ; éliminez celles qui ne sont pas ouvertes.

Coupez la lotte en morceaux de 2 cm et les calmars en lanières ; coupez les tentacules en petits morceaux.

Faites chauffer l'huile dans une cocotte, ajoutez les oignons, les carottes, le céleri, l'ail, et faites revenir 4 minutes. Ajoutez le reste des ingrédients, sauf le poisson, et portez à ébullition. Ajoutez le poisson, sauf les moules, couvrez et laissez frémir 15 minutes. Retirez le bouquet garni.

Incorporez les moules, puis disposez sur un plat de service chaud, décorez avec la coriandre.

Pour 6 personnes

Sole véronique

8 filets de soles
2 échalotes hachées
2 petits champignons de Paris hachés
1 feuille de laurier
1 branche de persil
4 rondelles de citron
15 cl de vin blanc sec
4 cuillères à soupe d'eau
15 cl de lait (environ)
25 g de beurre
25 g de farine
15 cl de crème fraîche
1 cuillère à café de jus de citron
sel et poivre
175 g de gros raisins blancs, pelés, coupés en deux et épépinés

Posez le poisson dans un plat à four et répartissez dessus les échalotes et les champignons. Ajoutez le laurier, le persil, les rondelles de citron, et versez le vin et l'eau. Couvrez de papier aluminium et faites cuire 15 à 20 minutes au four (180°).

Transférez avec délicatesse le poisson sur un plat de service et tenez-le au chaud.

Passez le liquide de cuisson, portez-le à ébullition, et faites-le réduire de moitié. Mélangez avec du lait pour obtenir 30 cl de liquide.

Faites fondre le beurre dans une casserole, ajoutez la farine et tournez 1 minute. Incorporez peu à peu le liquide et laissez frémir 3 minutes. Incorporez la crème, le jus de citron, salez, poivrez et portez à ébullition.

Retirez du feu, ajoutez deux tiers des raisins. Versez sur le poisson et passez 1 minute sous le gril. Décorez avec le reste de raisins.

Pour 4 personnes

Barbue nouvelle cuisine

1 boîte (210 g) de poires au naturel
4 filets de barbue
1 jaune d'œuf
2 cuillères à soupe d'estragon haché
1 cuillère à soupe de persil haché
1 cuillère à café de zeste de citron râpé
sel et poivre
15 cl de crème fraîche

Égouttez les poires et coupez-les en deux. Enroulez chaque filet de poisson autour d'un quartier de poire et posez-les dans un plat à four beurré, bien serrés.

Battez le jaune d'œuf, les herbes, le zeste de citron, le sel et le poivre avec la crème, et versez sur le poisson.

Couvrez de papier aluminium et faites cuire 25 minutes au four (180°).

Pour 4 personnes

Sardines grillées

16 sardines fraîches nettoyées

MARINADE :

10 cuillères à soupe de jus de citron vert

3 gousses d'ail écrasées

1 cuillère à café de paprika

1 cuillère à café de gingembre râpé

1 cuillère à café de cumin moulu

1 cuillère à café de concentré de tomates

POUR DÉCORER :

quartiers de citron vert

Posez les sardines sur un plat. Mélangez tous les ingrédients de la marinade et versez sur les poissons. Laissez mariner 1 heure au frais. Retirez-les et mettez de côté la marinade.

Posez du papier aluminium sur une grille et répartissez dessus les sardines. Faites cuire 5 minutes de chaque côté sous le gril, en arrosant avec la marinade. Décorez avec les quartiers de citron.

Pour 8 personnes

Goujonettes de sole

2 soles en filets
50 g de noisettes moulues
125 g de chapelure
25 g de farine
sel et poivre
1-2 œufs battus
huile à friture
POUR DÉCORER :
cresson
quartiers d'orange

Émincez les filets en lanières. Mélangez les noisettes et la chapelure dans une jatte.

Salez, poivrez la farine et passez-y les lanières de sole. Passez-les dans l'œuf, puis dans le mélange précédent. Laissez 30 minutes au réfrigérateur.

Plongez-les au fur et à mesure dans de l'huile à friture chaude 2 minutes, égouttez-les sur du papier absorbant et disposez-les sur un plat de service chaud.

Décorez avec le cresson et les quartiers d'orange, servez avec une sauce tartare (page 89).

Pour 2 à 4 personnes

Filets de sole aux courgettes

50 g de beurre
350 g de petites courgettes émincées
sel et poivre
1 grosse tomate pelée, épépinée et hachée
4 filets de sole
2 cuillères à soupe de jus de citron
1 cuillère à soupe de basilic haché
1 cuillère à soupe de chapelure
feuilles de basilic pour décorer

Faites fondre la moitié du beurre dans une casserole, ajoutez les courgettes, salez, poivrez et faites revenir 3 minutes.

Ajoutez la tomate et tournez 3 minutes.

Posez les filets de sole dans un plat à four, parsemez du beurre restant, salez, poivrez, et répartissez le jus de citron et le basilic.

Répartissez le contenu de la casserole et la chapelure. Faites cuire 15 minutes au four (200°). Décorez avec le basilic avant de servir.

Pour 2 à 4 personnes

Les huîtres

Elles sont délicieuses au naturel. Ouvrez-les peu de temps avant de les servir.

Pour les ouvrir, utilisez un couteau à huîtres ou bien un couteau à petite lame ronde ; n'utilisez pas un couteau à lame pointue car vous le casseriez.

Pour protéger vos mains, tenez l'huître dans un chiffon. Insérez la lame dans la charnière et tournez la lame pour faire pivoter la coquille et l'ouvrir. Détachez l'huître du couvercle.

Servez les huîtres sur un plateau contenant de la glace pilée et des algues. Accompagnez de quartiers de citron, de pain et de beurre.

Huîtres à la crème

12 huîtres
15 g de beurre
1 échalote hachée
1 cuillère à café de cerfeuil haché
15 cl de crème fraîche
sel et poivre
25 g de gruyère râpé
1 cuillère à soupe de chapelure
cerfeuil et quartiers de citron pour décorer

Ouvrez les huîtres comme indiqué page précédente et posez-les sur une plaque à pâtisserie.

Faites fondre le beurre dans une petite casserole, ajoutez et faites revenir l'échalote. Ajoutez le cerfeuil, la crème, salez, poivrez et portez doucement à ébullition. Retirez du feu et incorporez le fromage.

Répartissez la sauce sur les huîtres, puis la chapelure, et faites dorer 2 minutes sous le gril. Décorez avec le cerfeuil, les quartiers de citron et servez aussitôt.

Pour 2 ou 4 personnes

Huîtres au saumon fumé

12 huîtres
75 g de saumon fumé haché
400 g de cœurs d'artichauts hachés
25 g de gruyère râpé
2 cuillères à soupe de chapelure
poivre
BEURRE AUX HERBES :
75 g de beurre ramolli
1 cuillère à soupe de cerfeuil haché
1 cuillère à soupe d'estragon haché
2 cuillères à soupe de jus de citron
POUR DÉCORER :
quartiers de citron vert
feuilles d'estragon

Préparez d'abord le beurre aux herbes en mélangeant tous les ingrédients dans une jatte.

Ouvrez les huîtres comme décrit page précédente.

Répartissez le saumon, les artichauts et le beurre aux herbes sur les huîtres. Saupoudrez de gruyère, de chapelure et de poivre.

Posez-les sur une plaque et faites-les cuire 15 minutes au four (200°). Ou bien passez-les 10 à 15 minutes sous le gril.

Disposez-les sur un plat de service chaud, décorez avec les quartiers de citron vert, les feuilles d'estragon et servez avec du pain et du beurre.

Pour 2 à 4 personnes

Le crabe

Vous pouvez le trouver préparé dans le commerce, mais il sera meilleur fait maison.

Comment cuire le crabe

Pesez le crabe. Faites bouillir un grand fait-tout d'eau salée : comptez 175 g de sel pour 2 l d'eau. Ajoutez 1 feuille de laurier, 5 grains de poivre, 1 oignon coupé en rondelles, et 2 branches de céleri émincées.

Plongez le crabe dans l'eau, couvrez, portez à ébullition. Laissez cuire, en comptant 15 minutes pour les premiers 500 g, et 8 minutes par 500 g suivants. Retirez du feu et laissez refroidir dans le liquide de cuisson.

Comment dresser le crabe

1. Posez le crabe sur le dos. Détachez les pattes et les pinces, et mettez-les de côté.
2. Détachez de la carapace la partie où étaient attachées les pattes, en la poussant.
3. Retirez et jetez les intestins, et les parties vertes ou grises, qui se trouvent dans la carapace.
4. Avec une cuillère, retirez les parties crémeuses et mettez-les dans une jatte.
5. Coupez le corps en deux et, à l'aide d'une pique, extrayez la chair blanche. Cela demande du temps.
6. Écrasez délicatement les pattes et les pinces pour en retirer la chair.
7. Nettoyez complètement la carapace du crabe et séchez-la avec du papier absorbant.

Comment servir le crabe

Coupez fin la chair, salez, poivrez, ajoutez du piment de Cayenne et 1 cuillère à soupe de vin blanc sec, ou de vinaigre de cidre.

Salez, poivrez les parties crémeuses et ajoutez 1 cuillère à café de gin (facultatif) et 1 cuillère à soupe de persil (facultatif).

Disposez les parties crémeuses au centre de la carapace et la chair tout autour. Décorez avec des jaunes et des blancs d'œufs hachés et 2 cuillères à soupe de persil haché (voir photo).

Servez avec de l'avocat, de la laitue et de la mayonnaise.

Pour 2 à 4 personnes, selon la taille du crabe

Crabe à la diable

2 crabes
15 cl de crème fraîche
1 cuillère à café de moutarde
1 cuillère à café de sauce Worcestershire
1/2 cuillère à café de Cayenne
1 cuillère à café de jus de citron
2 cuillères à soupe de persil haché
125 g de tomates pelées et hachées
2 cuillères à soupe de cognac
sel et poivre
2 cuillères à soupe de chapelure
2 cuillères à soupe de gruyère râpé
POUR DÉCORER :
cresson
concombre

Préparez les crabes comme indiqué page 76 et mettez toute la chair dans une jatte. Ajoutez et mélangez la crème, la moutarde, la sauce Worcestershire, le Cayenne, le jus de citron, le persil, les tomates, le cognac, salez et poivrez.

Badigeonnez l'intérieur et l'extérieur des carapaces avec de l'huile. Répartissez le mélange précédent dans les carapaces et mettez le surplus dans un ramequin. Saupoudrez de chapelure, de fromage, et faites cuire 15 à 20 minutes au four (200°).

Décorez avec le cresson et des tranches de concombre.

Pour 4 personnes

Mousse de crabe aux herbes

250 g de chair de crabe
2 cuillères à soupe de gruyère râpé
15 cl de crème fraîche
2 cuillères à soupe d'estragon haché
1 cuillère à soupe de cerfeuil haché
1 cuillère à soupe de basilic haché
1 cuillère à soupe de jus de citron
sel et poivre
15 g de gélatine trempée dans 3 cuillères à soupe d'eau froide
2 blancs d'œufs
POUR DÉCORER :
concombre
herbes fraîches

Émiettez la chair de crabe dans une jatte. Ajoutez et mélangez le fromage, la crème, les herbes, le jus de citron, salez, poivrez.

Faites chauffer doucement la gélatine pour la dissoudre, puis incorporez-la au mélange précédent.

Battez les blancs d'œufs en neige très ferme et incorporez-les délicatement au mélange.

Versez dans un moule de 20 cm de diamètre et laissez prendre plusieurs heures au réfrigérateur.

Démoulez sur un plat de service et décorez de concombre en rondelles et d'herbes.

Pour 6 personnes

Le homard et la langouste

On les trouve tout cuits dans le commerce, mais vous pourrez parfois en acheter de vivants. Les homards d'environ 750 g-1 kg sont les plus savoureux.

La cuisson

Faites bouillir un fait-tout d'eau bouillante salée : comptez 175 g de sel pour 2 l d'eau. Plongez-y la langouste ou le homard, couvrez et portez à ébullition. Laissez cuire 15 minutes pour les premiers 500 g, et 10 minutes par 500 g suivants.

La préparation

1. Posez la bête sur le dos, retirez les pattes (et les pinces pour le homard) en les tournant. Écrasez-les et retirez délicatement la chair.
2. Retournez la bête. Avec un grand couteau, coupez-la en deux sur toute la longueur.
3. Retirez et jetez les ouïes, les intestins et l'estomac. Ne retirez pas les parties vertes crémeuses de la tête, car elles sont savoureuses. Utilisez-les pour préparer une sauce.

Vous pouvez aussi utiliser le corail pour préparer une sauce.

4. Retirez la chair et utilisez-la selon les indications des recettes. Pour la langouste au naturel, remettez la chair dans les carapaces nettoyées et servez avec une mayonnaise ou une vinaigrette. Ou bien passez les demi-langoustes sous le gril et arrosez de beurre fondu.

Homard à la sauce tomate

2 homards d'environ 500-750 g chacun
25 g de beurre
1 cuillère à soupe de cognac
SAUCE TOMATE :
1 cuillère à soupe d'huile
1 oignon haché
1 carotte hachée
2 gousses d'ail écrasées
1 kg de tomates pelées
1 cuillère à café de sucre
15 cl de vin rouge
sel et poivre
1/2 cuillère à café de Cayenne
POUR DÉCORER :
quartiers de citron
branches de basilic

Mélangez d'abord les ingrédients de la sauce : faites chauffer l'huile, ajoutez et faites dorer l'oignon et la carotte, puis ajoutez le reste des ingrédients, sauf le piment. Portez à ébullition, tout en tournant et laissez frémir 30 minutes. Passez au mixeur, puis retournez dans la casserole et ajoutez le piment.

Préparez les homards comme indiqué page précédente, coupez la chair en morceaux et nettoyez les carapaces.

Ajoutez la chair de homard dans la casserole, puis incorporez le beurre et le cognac. Répartissez dans les carapaces disposées sur un plat de service.

Décorez avec les quartiers de citron et le basilic.

Pour 4 à 6 personnes

Homard thermidor

45 cl de lait
1 oignon coupé en quatre
1 feuille de laurier
1 bouquet garni
15 cl de vin blanc sec
2 homards cuits d'environ 500-750 g chacun
125 g de beurre
50 g de farine
2 cuillères à café de moutarde
2 gros jaunes d'œufs
15 cl de crème fraîche
2 cuillères à café de jus de citron
2 cuillères à soupe de persil haché
sel et poivre
POUR COUVRIR :
75 g de gruyère râpé
POUR DÉCORER :
quartiers de citron vert
branches de cerfeuil

Mettez le lait dans une casserole, ajoutez l'oignon, le laurier, le bouquet garni, portez à ébullition, puis retirez du feu et laissez infuser 30 minutes.

Faites bouillir le vin 3 minutes dans une petite casserole.

Préparez les homards comme indiqué page 80 et coupez la chair en morceaux de 1 cm. Passez le corail au tamis et laissez-le de côté. Nettoyez les carapaces.

Faites fondre la moitié du beurre dans une poêle et faites revenir 2 minutes la chair de homard. Retirez du feu.

Faites fondre le reste de beurre dans une casserole, ajoutez et tournez la farine 1 minute. Retirez du feu.

Passez le lait, puis incorporez-le dans la casserole. Ajoutez le vin, portez doucement à ébullition et laissez frémir 4 minutes. Laissez refroidir, puis ajoutez la moutarde, les jaunes d'œufs, le corail, la crème, le jus de citron, le persil, salez, poivrez. Garnissez le fond des carapaces avec un peu de cette sauce.

Ajoutez le homard à la sauce et répartissez dans les carapaces. Saupoudrez-les de gruyère.

Faites cuire 7 à 10 minutes au four (200°). Décorez avec les quartiers de citron et le cerfeuil et servez très chaud.

Pour 6 personnes

SAUCES ET ACCOMPAGNEMENTS

De nombreux plats de poisson seront meilleurs accompagnés d'une sauce ou d'un beurre fantaisie ; vous en trouverez un grand nombre dans les pages suivantes. Ils sont faciles et rapides à préparer. Les beurres et les sauces froides peuvent être préparés à l'avance et gardés au réfrigérateur jusqu'à utilisation.

Sauce aux groseilles à maquereau

500 g de groseilles à maquereau
2 cuillères à soupe d'eau
25 g de beurre
1 cuillère à soupe de sucre
1 œuf
sel et poivre

Faites mijoter 20 minutes dans une casserole les groseilles avec l'eau. Ajoutez le beurre et le sucre.

Fouettez l'œuf ; quand il est clair et mousseux, incorporez-lui les groseilles, tout en continuant à fouetter. Salez, poivrez. Servez chaud ou froid, avec des maquereaux ou des harengs.

Pour 35 cl de sauce

Sauce au champagne

Servez cette sauce avec des fruits de mer, de la langouste, des coquilles Saint-Jacques.

25 g de beurre
3 échalotes hachées
30 cl de champagne
30 cl de crème fraîche
sel et poivre
2 cuillères à soupe de cerfeuil haché (facultatif)
2 cuillères à soupe d'estragon haché (facultatif)
50 g de champignons de Paris hachés (facultatif)

Faites fondre le beurre dans une casserole, ajoutez et faites revenir 5 minutes l'échalote.

Versez le champagne, portez à ébullition et laissez bouillir doucement 15 minutes pour que cela réduise de moitié. Retirez du feu et laissez refroidir légèrement. Incorporez la crème, salez, poivrez et laissez à feu doux jusqu'à ce que cela nappe bien le dos de la cuillère. Ajoutez les herbes et les champignons.

Accompagne bien du saumon, de la langouste.

Pour 35 cl de sauce

Sauce blanche

25 g de beurre
25 g de farine
30 cl de lait
sel et poivre

Faites fondre le beurre dans une casserole, ajoutez la farine et tournez 1 minute. Retirez du feu et incorporez peu à peu le lait, salez, poivrez. Portez à ébullition et tournez 2 minutes. Accompagne bien de la plie, du haddock, de la morue.

Pour 30 cl de sauce

VARIANTES :

Sauce blanche au fromage : ajoutez 75 g de gruyère râpé.

Sauce blanche au persil : ajoutez 50 g de persil haché.

Sauce blanche aux champignons : faites revenir 5 minutes 50 g de champignons dans 15 g de beurre avec 1 cuillère à café de jus de citron, et ajoutez-les à la sauce.

Sauce blanche aux câpres : ajoutez 1 cuillère à soupe de câpres hachées et 1 cuillère à café de jus de citron.

Sauce blanche aux crevettes : ajoutez 75 g de crevettes décortiquées et 1/2 cuillère à café de piment de Cayenne.

Sauce béchamel

30 cl de lait
1 petit oignon coupé en quatre
1 feuille de laurier
2 branches de thym
1 branche de persil
1 pincée de noix de muscade râpée
sel et poivre
25 g de beurre
25 g de farine

Mettez le lait dans une casserole avec l'oignon, les herbes, la muscade, salez, poivrez, portez à ébullition. Retirez du feu, couvrez et laissez infuser 30 minutes à 1 heure, puis filtrez.

Faites fondre le beurre dans une casserole, ajoutez la farine et tournez 1 minute. Retirez du feu, incorporez le lait, puis portez à ébullition et tournez 2 minutes. Rectifiez l'assaisonnement.

Pour 30 cl de sauce

Sauce moutarde

1 gros jaune d'œuf
2 cuillères à soupe de moutarde
1 cuillère à soupe de vinaigre
6 cuillères à soupe d'huile
sel et poivre
1 cuillère à soupe d'aneth haché

Battez le jaune d'œuf et la moutarde. Incorporez le vinaigre, puis peu à peu l'huile, salez, poivrez et ajoutez l'aneth. Servez froid.
Pour 12 cl de sauce

Sauce aux herbes

2 bottes de cresson
1 bouquet de persil
2 branches d'estragon
4 branches de cerfeuil
2 cuillères à soupe de jus de citron
4 cuillères à soupe d'huile
350 g de fromage blanc

Hachez le cresson et les herbes, puis mettez-les dans une jatte. Incorporez peu à peu le jus de citron, puis l'huile et ensuite le fromage blanc. Salez, poivrez. Servez chaud ou froid.
Pour 45 cl de sauce

Sauce aigre-douce aux groseilles à maquereau

500 g de groseilles à maquereau
1 gousse d'ail écrasée
1 cuillère à café de sel
2 cuillères à café de moutarde
15 cl de vinaigre
175 g de sucre
50 g de raisins secs
15 cl d'eau

Dans une casserole portez tous les ingrédients à ébullition et laissez frémir 40 minutes, en tournant de temps en temps. Laissez refroidir un peu avant de passer au mixeur ; passez au tamis pour retirer les pépins.

Servez chaud ou froid, avec des harengs au four ou des maquereaux.
Pour 35 cl de sauce

Sauce tartare

4 cuillères à café de câpres hachées
3 cornichons hachés
un peu de ciboulette
15 cl de mayonnaise
2 cuillères à soupe de yaourt nature

Mélangez tous les ingrédients. Servez froid.

Pour 20 cl de sauce

Sauce au raifort et à l'aneth

2 cuillères à soupe de raifort râpé
2 cuillères à soupe de jus de citron
1 petite pomme pelée et râpée
15 cl de crème fraîche
1 cuillère à soupe d'aneth haché
sel et poivre

Incorporez le raifort, le jus de citron et la pomme dans la crème. Ajoutez l'aneth, salez, poivrez.

Servez chaud ou froid ; si vous servez cette sauce chaude, faites-la chauffer doucement, sans bouillir.

Pour 15 cl de sauce.

Sauce tomate

1 cuillère à soupe d'huile
50 g de champignons de Paris hachés
1 oignon haché
1 gousse d'ail écrasée
400 g de tomates hachées
6 cuillères à soupe de vin rouge
1 cuillère à café de concentré de tomates
1 feuille de laurier
sel et poivre

Faites chauffer l'huile dans une casserole, ajoutez et faites revenir les champignons et l'oignon 3 minutes.

Ajoutez le reste des ingrédients, portez à ébullition et laissez frémir 20 à 30 minutes, en tournant de temps en temps. Retirez le laurier.

Pour environ 30 cl de sauce

Sauce hollandaise

3 cuillères à soupe de vinaigre de vin blanc
1 cuillère à soupe d'eau
6 grains de poivre
1 feuille de laurier
3 jaunes d'œufs
175 g de beurre coupé en cubes
sel et poivre
1 cuillère à café de jus de citron

Faites réduire dans une casserole le vinaigre et l'eau, avec le poivre et le laurier, pour obtenir 1 cuillère à soupe de liquide.

Travaillez dans une jatte les jaunes d'œufs avec 15 g de beurre, puis ajoutez le liquide précédent passé.

Mettez la jatte au bain-marie et incorporez le reste de beurre en fouettant pour obtenir une sauce crémeuse. Si la sauce n'épaissit pas, augmentez le feu ; si elle épaissit trop tôt ou se dissocie, plongez la jatte dans de l'eau froide et tournez vigoureusement. Salez, poivrez, ajoutez le jus de citron.

Servez chaud avec du saumon poché ou du bar au four.

Pour 30 cl de sauce

Sauce tomate piquante

1 kg de tomates coupées gros
4 échalotes hachées
1/2 carotte râpée
4 cuillères à soupe de jus d'orange
1 cuillère à café de zeste d'orange râpé
1 cuillère à café de sel
2 cuillères à soupe de sucre
1 cuillère à café de paprika fort

Mettez tous les ingrédients dans une casserole, portez à ébullition et laissez frémir 15 minutes.

Servez chaud ou froid avec des brochettes de coquilles Saint-Jacques (page 58).

Pour 60 cl de sauce

Sauce hollandaise rapide

15 g de beurre
15 g de farine
15 cl d'eau chaude (pas bouillante)
2 jaunes d'œufs
125 g de beurre coupé en cubes
1 cuillère à soupe de jus de citron
sel et poivre blanc

Faites fondre le beurre dans une casserole, ajoutez la farine et tournez 1 minute. Retirez du feu et incorporez l'eau. Reportez sur le feu et fouettez-y les jaunes d'œufs. Fouettez, à feu doux, jusqu'à ce que la sauce épaississe. Retirez du feu et incorporez peu à peu le beurre. Ajoutez le jus de citron, salez, poivrez.

Pour 30 cl de sauce

Beurres fantaisie

Vous pouvez les servir soit fondus, soit glacés.

Beurre d'anchois

6 filets d'anchois pilés
125 g de beurre ramolli

Mélangez les anchois avec le beurre, puis passez au tamis.

Ce beurre accompagne bien du poisson grillé.

Beurre à l'estragon

50 g d'estragon
125 g de beurre ramolli

Hachez l'estragon et battez-le avec le beurre. Servez sur du turbot.

Beurre Bourdaloue

1 boîte (210 g) de demi-poires
125 g de beurre ramolli
poivre

Passez les poires égouttées au mixeur, puis battez-les avec le beurre. Poivrez.

Servez sur du pain de seigle avec du saumon fumé.

Beurre maître-d'hôtel

1 cuillère à soupe de persil haché
1 cuillère à café de zeste de citron râpé
1 cuillère à soupe de jus de citron
125 g de beurre ramolli
sel et poivre

Battez ensemble tous les ingrédients, salez, poivrez.

Ce beurre accompagne bien du poisson grillé ou des ailes de raie.

INDEX